TABLEAU
GÉNÉRAL
DE L'ARMÉNIE
DIVISÉ EN DEUX PARTIES.

PREMIÈRE PARTIE.

Histoire des guerres et des relations politiques, religieuses, littéraires et commerciales de l'Arménie et de la Géorgie, avec les peuples de l'Asie, depuis leur origine jusqu'à l'an 1812, par ordre chronologique. Donnant des détails sur les mœurs, les usages, les lois, le gouvernement du pays, l'industrie de ses habitans, et sur quantité d'autres faits curieux. Partagée en quatorze Livres; accompagnée des gravures et des médailles. Rédigée d'après des monumens littéraires arméniens, dont la plupart existent dans la Bibliothèque impériale; par M. J. CHAHAN DE CIRBIED.

DISCOURS PRÉLIMINAIRE.

Depuis l'origine des nations jusqu'à présent, l'Arménie et la Géorgie jouèrent toujours quelque rôle, tantôt actif et tantôt passif, dans les relations politiques, religieuses et commerciales de l'Asie.

Les richesses territoriales des provinces arméniennes, l'industrie de leurs habitans et leur position géographique avantageuse pour de grandes entreprises militaires, fixèrent l'attention de tous les grands conquérans qui parurent sur l'horizon des affaires d'Orient. Les Sémiramis, les Sésostris, les Alexandre-le-Grand, les Parthes, les Romains, les Califes Arabes, les successeurs de Ginghiz-Khan, les Tamerlan et les Nadir-Schah regardoient l'Arménie comme le pays le plus important pour affermir leur puissance en Asie. C'étoit toujours sur les bords du Tigre, de l'Euphrate et de l'Araxe qu'on donnoit les plus fameuses batailles pour décider le sort des Empires. Aucune contrée de l'Asie ne vit autant de révolutions et de guerres sanglantes que l'Arménie. Les orgueilleuses montagnes du Caucase, du Taurus et des Gordiens ont toujours été les points de contact pour assurer l'influence sur le reste des Etats de l'Asie.

Peu de pays de l'ancien Continent réunit autant de qualités physiques que les provinces de la grande Arménie. On prétend même que le Paradis terrestre y étoit situé. Ses terrains sont riches presque partout :

TABLEAU
GÉNÉRAL
DE L'ARMÉNIE,
DIVISÉ EN DEUX PARTIES.

PREMIÈRE PARTIE.

Histoire des guerres et des relations politiques, religieuses, littéraires et commerciales de l'Arménie et de la Géorgie, avec les peuples de l'Asie, depuis leur origine jusqu'à l'an 1812, par ordre chronologique. Donnant des détails sur les mœurs, les usages, les lois, le gouvernement du pays, l'industrie de ses habitans, et sur quantité d'autres faits curieux. Partagée en quatorze Livres; accompagnée des gravures et des médailles. Rédigée d'après des monumens littéraires arméniens, dont la plupart existent dans la Bibliothèque impériale;

PAR M. J. CHAHAN DE CIRBIED,

Professeur de langue arménienne, à l'École spéciale des langues orientales vivantes près la Bibliothèque impériale; et Membre de l'Académie arménienne de S. Lazare de Venise.

PARIS.

IMPRIMERIE DE J. R. SAJOU, RUE DE LA HARPE, N.° 11.

1813.

Extrait du Magasin Encyclopédique, Numéro d'Avril 1813.

ceux qui sont labourables sont en général gras et féconds : on y fait ordinairement trois récoltes par an, au lieu d'une. Mais les terrains, qui ne sont point labourables, renferment souvent des richesses bien plus précieuses encore. Aucun royaume de l'Asie ou de l'Europe ne possède autant de mines d'or, d'argent, de cuivre, de plomb et d'autres métaux, que les provinces qui touchent le Tigre, l'Euphrate et les monts Gordiens. C'étoit de ces lieux que les Rois, les petits Princes et les Satrapes héréditaires d'Arménie tiroient jadis les richesses à l'aide desquelles ils étaloient le faste et la magnificence dont l'histoire d'Arménie fait mention.

Ce pays fut peuplé immédiatement après le déluge : Noé et ses enfans le gouvernèrent en qualité de Patriarches ou chefs de la nation : depuis cette époque les Arméniens connurent l'usage du vin, l'art de l'agriculture, celui de faire des étoffes, et celui de bâtir des maisons et des villes. En admirant sans cesse l'éclat et les bienfaits du soleil, de la lune, des astres et du feu, les habitans de l'Arménie ne tardèrent pas de les adorer comme des Divinités dans les temples et sur des lieux élevés. Pénétrés de reconnoissance envers les souverains magnanimes qui les gouvernoient, et envers les personnes sages qui leur donnoient des leçons de vertu, les Arméniens les mirent aussi au rang des Dieux, et leur accordèrent l'honneur de l'apothéose.

Haïk, fils du patriarche Thorgome, fut le premier qui établit un gouvernement monarchique chez les Arméniens. Un de ses frères, nommé Kartlos eut en même temps le gouvernement des provinces septentrionales de l'Arménie, et devint la souche de la nation Kartlienne ou Géorgienne.

Le roi d'Arménie, pour affermir sa puissance, fut obligé de soutenir une guerre cruelle contre Bélus, souverain de l'Assyrie; il le tua dans une bataille sanglante qui eut lieu sur les bords du lac de Van, et il ordonna d'élever des monumens durables pour éterniser le souvenir de sa victoire.

Les successeurs de Haïk étendirent les limites du royaume, et se rendirent redoutables aux peuples voisins, pendant 600 ans environ, jusqu'au temps de Sémiramis; Aram, dixième souverain après Haïk, fut un prince sage et guerrier; il s'empara des côtes de la mer Noire et d'une partie de l'Asie Mineure jusqu'à Majac ou Mazaca, et les réunit au royaume de l'Arménie. Mais, sous le règne d'Ara, fils d'Aram, l'héroïne de l'Assyrie fit une expédition formidable en Arménie, et s'empara de ce pays vers l'an 1741, avant J. C. Depuis cette époque jusqu'à la mort du dernier Sardanapal, l'Arménie fut gouvernée par des princes de la maison de Haïk, dont quelques-uns se rendirent indépendans; mais la plupart d'entre eux furent tributaires des souverains de Ninive.

Baror, qui descendoit de la famille Haïkienne, entra dans la conjuration d'Arbace et de Bélésis; il contribua de tous ses moyens à la chûte de l'Empire d'Assyrie, et se fit reconnoître, par les princes voisins, comme roi absolu d'Arménie.

Tigrane Ier qui fut le huitième souverain absolu après Baror, se rendit célèbre par sa sagesse et par son opulence; au point que les poètes du pays lui donnèrent le nom d'Aramazte ou Jupiter. Ce prince reçut dans sa cour le grand Cyrus, lorsqu'il étoit encore fort jeune; il lui donna sa sœur en mariage, et lui accorda tous les secours nécessaires pour renverser la puissance d'Astyage, roi de la Médie. Vahé, dernier prince Haïkien, victime de son dévouement à Darius, fut tué par Alexandre-le-Grand, et le royaume d'Arménie fut réduit entièrement.

Le conquérant Macédonien confia alors le gouvernement de ce pays à un Satrape nommé Mihran; il détacha, le premier, les Provinces Géorgiennes de l'Arménie, et il les donna à un gouverneur particulier appelé Mihrthade ou Mithridate. Ces deux contrées étant administrées tour-à-tour par des préfets Macédoniens ou Séleucides, par des princes étrangers ou nationaux, ses habitans furent spectateurs de plusieurs révolutions et de guerres très-sanglantes. Les efforts que firent Ardoate, Ardaschias et Zahrad ou Zadriades, pour combattre les successeurs d'Alexandre et les rois de la Séleucie, ne produisirent d'autre effet que celui d'affoiblir les ressources du pays. Les Arméniens, mécontens alors de leur gouvernement, appelèrent à leur secours Arsace-le-Grand, prince des Parthes, et demandèrent un roi de sa famille pour les gouverner.

Valarsace I, frère d'Arsace, entra bientôt en Arménie à la tête d'une armée; il se rendit maître de la grande Arménie, de la petite Arménie, et de la Géorgie. Il réunit ces Etats divisés en un seul royaume, et fonda la puissance Arsacide chez les Arméniens, vers l'an 150 avant Jésus-Christ. Ce prince sage et vaillant rétablit l'ancien ordre des choses : il maintint une discipline rigoureuse parmi les soldats, créa différentes lois civiles, religieuses et militaires, renouvella les priviléges dont avoient joui les maisons Satrapales d'Arménie, et se fit aimer par tout son peuple. Depuis ce moment les familles Parthes et Arsacides commencèrent à agir de concert contre les Séleucides et les Romains.

Ardaschès I, petit-fils de Valarsace, se rendit célèbre par son alliance avec Mithridate-le-Grand, et par ses expéditions dans l'Asie Mineure et dans la Grèce, à l'époque de la guerre Marsique et de celle des Cimbres. Tigrane II, fils d'Ardaschès, suivit les traces de son père, et se battit pendant plus de cinquante ans contre les Romains et leurs alliés. Mais, après la paix de ce prince avec Pompée, vers l'an 60 avant J. C., le royaume d'Arménie commença à s'affoiblir : ses souverains cédèrent peu-à-peu aux Romains, outre les conquêtes qu'ils avoient faites en Syrie et en Palestine, les provinces même qui leur appartenoient dans l'Arménie Mineure et dans l'Arménie Pontique. L'an 30 avant J. C., Antoine divisa ce pays en trois royaumes, dont l'un comprit l'Arménie Supérieure et la Géorgie, l'autre l'Arménie Inférieure, et le troisième les provinces en deçà de l'Euphrate. Vers l'an 20 de l'ère vulgaire, Tibère en détacha aussi la Géorgie, et y établit le fameux Pharasman I, avec le titre de roi. Ce prince se maintint sur le trône pendant 40 ans environ, et il prit le parti des Romains dans toutes les guerres qu'ils eurent à soutenir contre les Parthes. Ce fut par son crédit que son frère Mithridate Ibérien et son fils Radamiste se placèrent successivement sur le trône de l'Arménie Supérieure. Ces deux princes perdirent la vie avec la couronne, de la manière la plus tragique. Mithridate fut étouffé par son neveu, et celui-ci fut tué par son propre père Pharasman I. Ces scènes d'horreur nous sont connues; elles ont exercé la plume de Crébillon, celle du grand Corneille, et celles de Métastase et d'une Dame savante, auteur d'un roman épique intitulé *Zénobie ou la reine d'Arménie*.

La vengeance cruelle que Corbulon exerça contre les villes d'Arménie aigrit les esprits de ses habitans. Les Géorgiens en furent épouvantés. Dirite ou Tiridate profita de cette disposition; il chassa les Romains, s'empara de la Géorgie et la réunit au royaume de l'Arménie Supérieure. Pendant ces révolutions, les princes de l'Arménie Inférieure jouissoient de la paix, en payant quelque tribut aux Romains. La petite Arménie avoit aussi ses princes qui étoient soumis aux Empereurs. Mais bientôt Erovand II, roi de l'Arménie Inférieure, se rendit maître de ces Etats divisés, vers l'an 75, avec la promesse de payer aux Romains les tributs annuels.

Depuis cette époque jusqu'à celle de la

chûte des Rois Parthes, les princes d'Arménie soutinrent différentes guerres contre les Romains et la Perse; mais, plus souvent, ils cherchèrent à conserver la bonne harmonie avec les deux puissances à la fois. La révolte d'Ardaschir Sassanide, qui tua Ardaban, dernier roi Parthe, changea cette intelligence en une haine perpétuelle entre la Perse et l'Arménie. Khosrov I, surnommé le Grand, fit des préparatifs immenses, et entra en Perse pour venger la mort du malheureux Ardaban, qui descendoit de sa famille. Mais la Perse n'est pas un pays où l'on puisse également déployer les talens de la tactique militaire. Ardaschir se sauva dans des terres arides, et Khosrov retourna dans ses Etats en Arménie. Ardaschir, pour s'assurer la possession du trône des Parthes, fit assassiner le roi d'Arménie, et s'empara de ses Etats vers l'an 259.

Les Romains voyoient alors d'un œil inquiet les progrès des Sassanides; mais Rome étoit aussi en proie aux divisions. Dioclétien, dès son avènement au trône impérial, couronna Tiridate, fils de Khosrov-le-Grand, et l'envoya en Arménie à la tête de ses troupes: ce prince s'empara bientôt de tout le royaume de son père, et fut toujours en guerre contre la Perse et ses alliés. Pour mettre une ligne de séparation entre les Arméniens et les Persans,

Tiridate établit le christianisme dans son royaume, et conclut une alliance perpétuelle avec les Romains.

Depuis le moment que Byzance devint le siége de l'Empire, les guerres offensives furent plus fréquentes entre les Empereurs et la Perse. L'Arménie dut toujours, par les liens d'amitié et de religion, se battre en faveur des Grecs; quelquefois elle étoit soutenue par les Empereurs, et plus souvent, on l'abandonnoit à ses propres forces. Les provinces arméniennes furent constamment victimes de ces guerres malheureuses. Cet état dura quatre-vingts ans environ, pendant lesquels il n'y eut que quelques intervalles de paix.

L'Arménie étant donc sensiblement affoiblie, les deux puissances la partagèrent, en 387, entre deux princes Arsacides. Le roi de l'Arménie Orientale devint alors tributaire de la Perse; et celui de l'Arménie Occidentale, tributaire de l'Empire. Mais, au bout de six ans, après la mort d'Arsace IV, l'Empereur de Constantinople s'empara de l'Arménie Occidentale. La Perse ne tarda pas à imiter la conduite des souverains de Constantinople. En 428, elle dépouilla Ardaschir, dernier prince Arsacide, de tout son royaume, et commença à envoyer en Arménie des vice-rois, qu'on appeloit Marzban. La plupart des Provinces Arméniennes, et toute la Géorgie furent également soumises à la Perse : les vice-rois qui résidoient en Arménie commandoient aussi sur les contrées Ibériennes.

Les rois Sassanides, après avoir fait la conquête du pays, voulurent en convertir le peuple au Pyrisme, ou à l'adoration du feu : cette contrainte, loin d'intimider les Arméniens, les confirma davantage dans la religion chrétienne; ils prirent bientôt les armes. Le général Vortan Mamigonien, qui étoit un des puissans Satrapes d'Arménie, se mit alors à la tête des troupes de sa nation : il remporta quarante-deux batailles rangées sur les Persans. Dans la dernière, il resta mort sur le champ de la gloire, et le Clergé du pays lui accorda la couronne de martyre, en présence de toute l'armée. Vahan Mamigonien, qui succéda à celui-ci dans le commandement des troupes, soutint la guerre avec encore plus d'acharnement, et obligea la Perse de lui demander la paix, en accordant aux Arméniens la liberté de religion, et les priviléges qu'ils demandoient.

Après cette pacification, les souverains Sassanides prirent des ménagemens envers les habitans d'Arménie; ses Satrapes conservèrent leurs seigneuries, et ils eurent toujours une part active dans les guerres entre la Perse et les Empereurs.

Après la décadence de la puissance Sassanide, les Califes arabes gouvernèrent l'Arménie avec les mêmes priviléges. La maison Satrapale, appelée Pacratide, parvint à obtenir du Calife de Bagdad la principauté de quelques provinces de la grande Arménie. Un autre personnage de cette maison eut bientôt le gouvernement de la Géorgie, pour l'administrer de père en fils.

Cette illustre famille, qui avoit rendu tant de services signalés à la patrie depuis plusieurs siècles, leva enfin l'étendard de l'indépendance; elle rétablit le royaume d'Arménie, après quatre siècles de servitude. Aschod I Pacratide se fit reconnoître roi d'Arménie par les Arabes, et par l'Empereur de Constantinople. Son fils, Sempad I, étant affermi sur le trône de son père, éleva de suite à la royauté sur la Géorgie la seconde branche de la famille Pacratide, l'an 899. Depuis ce moment il régna entre ces deux peuples un admirable accord, et une communauté parfaite d'intérêt dans les affaires civiles et politiques, quoique les Empereurs accordassent de temps en temps de grandes faveurs aux habitans et aux princes de l'Ibérie, et leur fissent de magnifiques promesses, dans le dessein de se les attacher, et de les fixer sous leur domination. L'Eglise Géorgienne s'étoit réunie à celle des Grecs depuis l'an 613. Mais, malgré cette réunion, le Clergé Ibérien n'entretenoit qu'avec peine des relations avec eux, et le peuple de la Géorgie ne voulut jamais reconnoître la souveraineté des Empereurs grecs : ce qui fut cause que cette contrée éprouva, pendant une longue suite d'années, les mêmes vicissitudes que l'Arménie.

Les ravages affreux commis dans les Provinces Géorgiennes par l'Empereur Basile I, et la chûte des Rois Arméniens Pacratides qui eut lieu dans le onzième siècle, opérèrent un changement extraordinaire dans l'esprit de tous ceux qui avoient encore quelque attachement pour les Grecs. Les Princes Géorgiens, se voyant seuls pour lutter contre la puissance formidable des souverains de Constantinople, et de ceux de la Perse, redoublèrent de courage et d'énergie. L'infériorité de leurs forces ne les effraya point; ils mirent toute leur confiance dans la Providence, qui les avoit placés dans des lieux défendus par des barrières naturelles et inaccessibles. Toutes les troupes arméniennes entrèrent alors à leur service, et ces princes devinrent bientôt si puissans, qu'ils parvinrent à reprendre aux Persans plusieurs Provinces Arméniennes, et à les repousser jusques dans l'Aderbéjan.

Une affreuse calamité arrêta tout-à-coup le cours de ces prospérités. Des hordes innombrables de Barbares vinrent inonder l'Asie, et tracer le chemin à ceux qui devoient un jour s'emparer du trône de Constantinople.

Pendant cette longue révolution, la Géorgie éprouva tous les maux imaginables : tantôt ses princes étoient poursuivis et errans de côté et d'autre sur les montagnes; tantôt atteints par l'ennemi, ils étoient conduits chargés de chaînes dans le camp du vainqueur, et servoient de jouet à sa féroce brutalité.

Peu de temps après la chûte des Rois Pacratides en Arménie, un rejetton de cette famille fonda un royaume dans la Cilicie, et commença à se battre contre les Empereurs. Ce prince, appelé Rupen, étoit l'homme le plus capable à exécuter les entreprises les plus difficiles ; il se lia d'amitié avec Mélik-Schah, roi de la Perse, et fit venir dans ses Etats un grand nombre de familles Syriennes et Arméniennes qui étoient persécutées par les gouverneurs grecs pour cause de religion. Les successeurs de ce prince suivirent ses traces, et se tinrent sur la défensive contre les forces des Empereurs.

Dès l'entrée des Princes Croisés en Asie, les Princes Rupéniens contractèrent des liaisons d'amitié et de famille avec les Francs. Ils entretinrent des relations avec les Tartares. Ils établirent des communications entre eux, la Géorgie et les Princes Croisés. Mais dès que les Tartares devinrent Mahométans, la puissance des Rupéniens et celle des Croisés s'affoiblirent considérablement. A cette époque, la famille royale vint à s'éteindre, et le royaume fut donné à la maison des Lusignan qui avoit contracté des mariages avec celle des Rupéniens. Cette circonstance et surtout la liaison des Arméniens avec les Francs augmentèrent la haine des Sultans d'Egypte et d'Iconie, des Emirs de la Syrie et de tous les Mahométans de l'Asie contre les Princes de la Cilicie. Léon VI Lusignan, dernier roi de ce pays, se battit en héros jusqu'au dernier moment, et fut obligé de céder à la supériorité des forces vers l'an 1375.

Lors de ces événemens, la puissance des Tartares s'étoit diminuée dans la grande Arménie et dans la Géorgie. Ses princes étoient rentrés dans leurs possessions, et il sembloit qu'on alloit jouir du repos. Mais bientôt l'Asie fut inondée par les armées de Tamerlan. La Géorgie, réduite alors presqu'en cendres, devint un désert affreux. Ses habitans eurent de la peine à sauver leur vie, en se cachant dans des grottes et dans des cavernes. A ce désastre général, succéda la guerre destructive entre les successeurs de ce conquérant. La Géorgie commença à se relever peu-à-peu. Elle fut ensuite tour-à-tour tributaire de la

Perse ou de la Turquie. A l'époque des troubles parmi les généraux de Nadir Schah, les Princes Géorgiens restèrent quelque temps indépendans. Mais, après la mort d'Héraclius, une guerre civile commença à déchirer les Provinces Ibériennes. Les Russes y ont alors pénétré avec des troupes, et ils s'en sont emparés depuis l'an 1801.

Tel est le tableau rapide et abrégé des événemens politiques et militaires dont l'Arménie et la Géorgie ont été le théâtre.

Les Arméniens ont eu presque dans tous les siècles un goût particulier pour le commerce. Du temps des Empereurs d'Assyrie, ils portoient déjà les productions de leur pays à Ninive, à Babylone et dans les villes de l'Asie Mineure. Depuis le règne de Cyrus-le-Grand, leur commerce devint plus florissant avec la Perse, la Médie et la Lydie. Tigrane I favorisa l'industrie de sa nation, et rendit le royaume un des plus riches de l'Asie.

Mais, sous le gouvernement des successeurs d'Alexandre, le commerce des Arméniens fut presque anéanti; la plupart des chefs grecs, qui commandoient alors en Asie, méprisoient ceux qui s'adonnoient au commerce. Ils ne suivoient point le plan de leur maître qui, à ses projets de conquêtes, joignoit des idées vastes de commerce et de navigation. Mais les Séleucides et les Ptolémées marchèrent sur les traces du conquérant. Les Provinces Arméniennes voisines de leurs Etats reprirent alors leur commerce. Cependant les habitans des contrées septentrionales d'Arménie se livrèrent au brigandage en pillant les voyageurs étrangers. Valarsace I, Arsacide, les ramena au devoir par la force et par la douceur; il favorisa l'industrie, et obligea les fainéans à cultiver la terre ou à faire des travaux publics. Sous les règnes des princes de cette famille, l'Arménie devint très-florissante pendant deux cents ans environ. Après l'expédition de Corbulon dans ce pays, les habitans de quelques provinces du nord recommencèrent à parcourir les pays voisins pour butiner et dévaster. Mais Erovand II, et Ardaschès II, qui réduisirent l'Arménie et la Géorgie sous leur pouvoir, rétablirent l'ancien ordre de choses; ils reconstruisirent des ponts, des caravansérails, et des bateaux, pour naviguer sur les fleuves et sur les lacs d'Arménie : ils ordonnèrent la pêche, le desséchement des marais, et la culture des terres qu'on avoit abandonnées depuis le temps des désordres et des guerres civiles.

Du temps des Rois Arsacides, les Arméniens faisoient en général un commerce assez étendu avec la Perse, l'Assyrie, la Cilicie et la Natolie. Sous les Empereurs Grecs et sous les Califes Arabes, ils envoyoient à Constantinople, dans la Macédoine, à Antioche, à Damas, en Egypte et à Bagdad, leurs marchandises de soie, de lin, de coton, de cuivre et d'une espèce de cochenille appelée par les habitans *orthan garmir*, c'est-à-dire ver rouge, qui venoit dans la province d'Ararathie, et dont on faisoit le rouge écarlate.

Du temps des Sassanides, les Arméniens recevoient chez eux les productions des Indes, pour les vendre aux peuples voisins. La possession de ces riches contrées par les Arabes, devint ensuite une époque brillante du commerce d'Orient. Les Arméniens eurent alors toutes les facilités d'aller jusqu'au fond des Indes, et de transporter les productions de ce pays dans les provinces occidentales de l'Asie. Les Rois Pacratides et Rupéniens, différens Princes de la Géorgie, et plusieurs Satrapes de la grande et de la petite Arménie s'occupèrent souvent du commerce de leurs sujets avec les peuples voisins. Pour favoriser l'exportation des marchandises de leurs pays, les Rupéniens accordèrent des priviléges au commerce des Croisés, et surtout aux Génois et aux Vénitiens qui faisoient alors la navigation commerçante.

Du temps des successeurs de Genghiz-

Khan, les Arméniens commencèrent les premiers à envoyer jusques dans le fond de la Tartarie des caravanes chargées d'étoffes, de fruits secs et d'autres marchandises de leur pays. Ils firent connoître à ce peuple plusieurs objets de bijouteries, et ouvrirent une source de commerce avec eux. Mais cet état florissant ne dura pas longtemps. L'Asie fut bientôt inondée par les troupes de Tamerlan. Ce conquérant parcourut la plupart des belles provinces de l'Orient, et laissa partout après lui des longues traces de ses dévastations. Cependant les Arméniens redoublèrent de courage pour relever le commerce de leur nation, malgré les guerres destructives que soutinrent longtemps les Kurdes, appelés Agh-Koïounlou et Kara-Koïounlou, dans différentes contrées de l'Arménie, de la Perse et de l'Assyrie.

Après la découverte du Nouveau Monde et de la route du Cap de Bonne-Espérance, l'industrie des Arméniens paroissoit d'un côté éprouver une diminution sensible : jusqu'alors, ils avoient fait le commerce le plus avantageux avec l'Inde et les Factoreries européennes qui, à cette époque, venoient de quitter les entrepôts qu'elles avoient dans les meilleurs ports de l'Asie et de l'Afrique. D'un autre côté, l'établissement des Ottomans sur le trône de Constantinople devint une source intarissable de commerce pour les Arméniens. Depuis le quinzième siècle, ils s'emparèrent de la banque et du courtage du Levant. En même temps un grand nombre d'artisans en tous genres, partant de la grande Arménie, se répandirent dans les principales villes de la Turquie, de l'Asie et de l'Europe.

Du temps des Rois Pacratides et des Tartares, les grands entrepôts de commerce des Arméniens avoient été les villes de Tauris, de Ghengé et de Schamakhi; mais depuis ils commencèrent à en avoir aussi dans celles d'Erzeroum, de Tokat, de Diarbekir, de Constantinople et autres. Le gouvernement des Ottomans leur accorda sa protection pour porter chez eux les marchandises de leur pays, celles de la Syrie, de la Perse, de l'Afrique et des Indes. Les Princes Persans de la maison des Séfis donnèrent aussi des priviléges aux Arméniens pour exporter des soieries chez les Russes et chez les Ottomans, et importer chez eux des cuivres, des plombs et d'autres métaux.

L'exactitude qu'ils mettent dans leurs promesses, leur probité dans les contrats de vente et d'achat, et la grande fidélité avec laquelle les Arméniens servent toujours les Souverains et les Paschas Ottomans, les Schahs et les Khans Persans, leur ont gagné la confiance de ces deux nations. Ce sont eux qui exercent en général l'intendance des mines, de la monnoie, et celle des sérails des grands de l'Asie. Ils fournissent l'équipement des Beïs et des Paschas; ils se chargent de la rentrée des revenus des provinces; ils font en première main presque tout le commerce en Orient, et contribuent à celui qui se fait en plusieurs villes de l'Europe.

Dans un pays où la fortune et le crédit sont sujets à tant de changemens, on peut dire avec hardiesse que les Arméniens seuls ont connu l'art d'acquérir et de perpétuer à la fois la prospérité de père en fils. La grande vigilance, la sagesse, la modération dans leur manière de vivre, la fidélité commandée par la conscience et par la religion, ont établi leur prépondérance, et leur ont acquis la bienveillance des Souverains Ottomans.

Presque les trois quarts de la banque qui se fait à Constantinople sont maintenant entre les mains de cette nation. On sait le crédit exclusif dont jouit la vertueuse famille arménienne de Duz-Oghlou auprès des Grand-Seigneurs, depuis quatre-vingts ans. Elle a sous sa garde les trésors de la couronne; elle exerce la direction de la monnoie, l'intendance des ameublemens du sérail, la vérification générale de l'orfévrerie, de la joaillerie,

des produits des mines d'or et d'argent; en un mot, elle a généralement mérité la confiance du Souverain. Après la mort de Célébi Jean Duz-Oghlou, arrivée le 11 avril 1812, Sa Hautesse le miséricordieux Sultan Mahmoud II transmit toutes ces charges, par un firman spécial, à Célébi Grégoire Duz-Oghlou, fils aîné du défunt. A cette époque, M. Ruffin, conseiller de notre ambassade près la Sublime Porte Ottomane, et également distingué par ses talens et par ses vertus, m'écrivoit dans une lettre du 18 mai : « Vous n'avez su que trop tôt
« l'affligeante nouvelle de la perte que nous
« venons de faire de M. Duz-Oghlou père;
« sa mort, qui a été aussi édifiante que sa
« vie, (et c'est beaucoup dire) a jeté dans
« le deuil, non-seulement sa famille, sa na-
« tion et ses amis, mais encore tous les étran-
« gers et tous les habitans de la capitale :
« c'étoit une calamité publique; un regret
« si universel n'est dû qu'à la vertu. »

Quant à la géographie de l'Arménie, j'ai suivi entièrement le système des auteurs de cette nation. Des notes et des renseignemens particuliers que j'ai pu recueillir de chez eux, sur chaque province arménienne, m'ont servi pour en rectifier certaines erreurs. Parmi les auteurs européens, Pline et M. D'Anville nous ont donné quelques notions exactes, mais imparfaites, sur le territoire de l'Arménie.

Les géographes modernes y ont ajouté quantité de faits d'après le témoignage des voyageurs ; mais on est encore bien loin de connoître l'étendue de ce pays, ses productions, ses mœurs, sa population et ses différens gouvernemens. J'ai tâché de comparer les anciennes divisions des provinces avec celles qui sont modernes, et d'indiquer les cours des rivières, la position des montagnes, celle des villes, leurs monumens publics et les événemens remarquables qui y eurent lieu dans différens siécles.

J'avoüe que ces détails sur la géographie, sur l'histoire politique, religieuse, commerciale et littéraire de l'Arménie, sont environnés de difficultés qui sont au dessus de mes forces. Je reconnois naïvement qu'un pareil travail exigeoit une main plus habile. Cependant j'ai tâché de redoubler de courage et de veilles pour ne pas rester tout-à-fait au dessous de mon sujet; et, au désir de faire un meilleur usage de mon temps, j'ai joint celui de rendre quelques services à la littérature française (1).

(1) Cet article est extrait d'un ouvrage inédit, qui sera sous peu livré à l'impression.

Table analytique de l'ouvrage.

PREMIÈRE PARTIE.

Histoire de l'Arménie et de la Géorgie.

LIVRE I.

Temps héroïque d'Arménie, depuis l'an 2938 jusqu'à l'an 2346 avant J. C.

Chap. 1. De la navigation de Noé ou Xisutros en Arménie. De l'origine des Arméniens, de celle des Dieux Aramazte, Ahriman et autres. Plusieurs traditions sur Noé et ses enfans.

Chap. 2. Quelques détails sur les antiquités arméniennes, sur l'arche de Noé, et sur les monts Ararath et Gordien.

Chap. 3. De la guerre des Titans. Des événemens arrivés sous le gouvernement des autres enfans de Noé, depuis Japetosthès jusqu'à Thorgome. Fondation de plusieurs villes en Arménie. Origine des Divinités Asdlig, Anahid et autres.

Chap. 4. Origine des noms de plusieurs peuples et cantons de l'Arménie, de l'Ibérie Supérieure et Inférieure, de ceux du mont Caucase et d'autres peuples voisins.

LIVRE II.

Gouvernement absolu de la Dynastie Haïkienne, depuis l'an 2346 jusqu'à l'an 1741 avant J. C.

CHAP. 1. Fondation de la monarchie arménienne par Haïk, fils de Thorgome. Ses guerres et sa victoire sur Bélus. Etablissement d'une ère ou d'un cycle de 1460 années. Origine des Satrapies héréditaires chez les Arméniens. Nouvelle guerre entre l'Arménie et l'Assyrie. Mort de Govgas, frère de Haïk.

CHAP. 2. Administration des affaires d'Arménie, sous les successeurs de Haïk, depuis Arménag jusqu'à Harma. Origine de plusieurs noms de lieux. Quelques faits historiques sur l'Assyrie. Plusieurs découvertes dans les sciences et les arts. Traditions sur Abraham.

CHAP. 3. L'Histoire des Amazones, et l'origine de leur nom et de leur pays.

CHAP. 4. Des guerres et des conquêtes d'Aram, dixième roi d'Arménie. Fondation de la ville de Majac ou Mazaca.

CHAP. 5. De plusieurs personnages de l'antiquité, qui ont porté le nom de Zoroastre.

CHAP. 6. Du gouvernement d'Ara, fils d'Aram. Conquête d'Arménie, par Sémiramis; et Fondation de la ville de Van.

LIVRE III.

Gouvernement des Princes Haïkiens, tributaires de l'Assyrie, depuis l'an 1741 jusqu'à l'an 744 avant J. C.

CHAP. 1. Nouveau genre d'administration établi en Arménie, par Sémiramis. Du titre et des pouvoirs dont jouissoient les Rois tributaires de la maison Haïkienne. Gouvernement de Garthus, premier prince tributaire. Guerre entre Sémiramis et son fils Nynias.

CHAP. 2. Des guerres et des tentatives que firent les Princes Arméniens, depuis Anouschavan jusqu'à Haïgag I, contemporain d'Amyntès, pour secouer le joug des Assyriens. Plusieurs événemens particuliers.

CHAP. 3. Administration des affaires d'Arménie, depuis Ampag jusqu'à Zarmar, contemporain de Priam, roi de Troie. Détails curieux sur plusieurs faits historiques.

CHAP. 4. Révolution en Arménie, après la mort de Zarmar. Plusieurs événemens arrivés depuis cette époque, jusqu'au temps du prince Gaïbag. Ses guerres avec Narghissan, général Scythe.

CHAP. 5. Gouvernement de Parnavaz, de Parnag II, et de Sgaorti. Alliance entre

Baror, prince d'Arménie, Arbace, général Mède, et Bélésis, chef Babylonien. Chûte de l'Empire d'Assyrie, et indépendance des Etats soumis.

LIVRE IV.

Rétablissement de la Monarchie Arménienne, et Gouvernement des Princes de la maison Haïkienne, depuis l'an 743 jusqu'à 328 avant J. C.

CHAP. 1. Baror, premier roi couronné. Ses institutions civiles et militaires. Ses guerres contre Cardicéos, roi de la Médie. Autres événemens particuliers arrivés en Arménie sous son règne.

CHAP. 2. Administration des affaires d'Arménie, sous les successeurs de Baror, depuis Hracia jusqu'à Erovand I.

CHAP. 3. Règne de Tigrane I. Son alliance avec Cyrus. Ses guerres contre les Mèdes, et autres peuples de l'Asie.

CHAP. 4. Gouvernement de Vahak et de ses successeurs, jusqu'à Vahé. Mort de ce prince, et conquête de l'Arménie par Alexandre-le-Grand.

LIVRE V.

Gouvernement des affaires d'Arménie sous les Macédoniens, les Séleucides, et les Princes absolus du pays, depuis l'an 328 jusqu'à l'an 150 avant J. C.

Chap. 1. Division du royaume d'Arménie en deux portions. Administration des Satrapes Mihran et Néoptolémée en Arménie; celle de Mithridate en Géorgie.

Chap. 2. Règne d'Ardoate, prince arménien. Ses guerres contre les successeurs d'Alexandre-le-Grand. Administration d'Orontes ou Hrant II.

Chap. 3. Gouvernement d'Ardavaz, dans la grande Arménie, celui d'Arsam et de Xersès dans la petite Arménie.

Chap. 4. Règne d'Ardaschias sur l'Arménie Majeure, et de Zahrad sur l'Arménie Mineure. Leurs guerres contre les Séleucides. Leur paix avec les Romains. Fondation de la ville d'Artaxate.

Chap. 5. Des évènemens historiques arrivés sous les règnes d'Artaxorte et d'Ardavazte I dans la grande Arménie, et de Mithridate et de Mihrobarzane dans la petite Arménie.

LIVRE VI

Gouvernement de la Dynastie Arsacide en Arménie, depuis l'an 149 avant J. C., jusqu'à l'an 428 de l'ère vulgaire.

CHAP. 1. Origine et progrès de la puissance des Parthes. Etablissement de Valarsace I sur le trône d'Arménie. Ses guerres avec les princes voisins.

CHAP. 2. Institutions civiles, militaires et religieuses de Valarsace.

CHAP. 3. Règne d'Arsace I. Expéditions d'Ardaschès I. Son alliance avec Mithridate I, roi du Pont.

CHAP. 4. Avénement de Tigrane II au trône d'Arménie. Son alliance avec Mithridate contre les Romains. Ses guerres et ses conquêtes jusqu'à l'époque de la défaite de Lucullus par lui.

CHAP. 5. Expéditions de Pompée dans le Pont et dans l'Arménie. Paix conclue entre Tigrane et les Romains. Nouvelles guerres de Tigrane et des Parthes contre les Romains, du temps de Gabinius et de Crassus.

CHAP. 6. Tigrane II cède le titre de Roi des Rois aux Parthes. Son alliance avec eux. Ses dernières guerres contre les Romains. Sa mort dans un âge avancé. Réflexions sur les historiens romains et arméniens.

Chap. 7. Règne d'Ardavazte II. Sa prise par Antoine, et sa mort. Partage du royaume d'Arménie en trois Etats.

Chap. 8. Histoire des Princes de l'Arménie Inférieure, depuis l'an 30 avant J. C., jusqu'à l'époque de la réunion des royaumes, l'an 75 de l'ère vulgaire.

Chap. 9. Evénemens historiques des royaumes de la Géorgie et de l'Arménie Supérieure. Guerres entre les Parthes et les Romains au sujet de l'Arménie, depuis l'an 30 avant J. C., jusqu'à l'an 75 de l'ère vulgaire, époque de la réunion des royaumes.

Chap. 10. Succession des princes de l'Arménie Mineure et de l'Arménie Pontique, depuis l'époque du partage du royaume par les Romains, jusqu'à celle de la réunion, l'an 75 de l'ère vulgaire.

Chap. 11. Réunion des royaumes. Les règnes d'Erovand II et d'Ardaschès II. Plusieurs événemens politiques et militaires arrivés en Arménie, en Géorgie, en Parthie et chez les Alains.

Chap. 12. Histoire des principaux faits politiques et militaires de l'Arménie et de la Géorgie, depuis le commencement du règne d'Ardavazte III, jusqu'à la mort de Valarce.

Chap. 13. Expédition de Khosrov-le-Grand chez les Alains. Celle de Caracalla en Asie. Chûte du royaume des Parthes. Etablissement de la dynastie Sassanide. Guerres entre Khosrov et Ardaschir Sassanide. Mort de Khosrov, roi d'Arménie.

Chap. 14. Conquête de l'Arménie, par Ardaschir Sassanide. Guerres entre les Romains et les Persans. Couronnement de Tiridate, roi d'Arménie, par l'Empereur Dioclétien. Réflexions sur le luxe asiatique, et sur les expéditions des Romains contre la Perse.

Chap. 15. Entrée du roi Tiridate en Arménie. Ses guerres contre la Perse. Etablissement du christianisme en Arménie. Des troubles qui eurent lieu par la suite dans l'intérieur du royaume. Paix avec la Perse.

Chap. 16. Etablissement du christianisme en Géorgie. Voyage de Tiridate à Rome. Ses guerres contre les Huns et les Persans. Persécutions contre les Chrétiens de la Perse, et autres événemens particuliers.

Chap. 17. Dissentions dans le royaume d'Arménie. Couronnement de Khosrov II. Troubles au sujet de la religion. Guerres contre la Perse et les habitans du Mont Caucase. Expédition de l'Empereur Julien en Asie. Ses relations avec Diran II, roi d'Arménie. Autres guerres contre les Huns et les Persans. Trahison de la Perse.

Chap. 18. Règne d'Arsace III. Ses Guerres et ses liaisons avec l'Empereur Valens, et avec Schapouh II, roi de la Perse. Prise d'Arsace par trahison. Entrée des Persans en Arménie. Leurs cruautés et plusieurs événemens extraordinaires.

Chap. 19. Couronnement de Bab, roi d'Arménie. Ses guerres contre la Perse. Sa mort, par le général grec Trajanus. Règne de Varazthade Arsacide. Régence de Manuel Mamigonien, et autres événemens historiques jusqu'à l'époque de la division du royaume. Réflexions sur les auteurs arméniens de ce siècle.

Chap. 20. Division du royaume d'Arménie. Règnes d'Arsace IV et de Valarsace II. Administration de Khosrov III. Nouvelle réunion des royaumes. Entrée des Persans en Arménie. Prise de Khosrov, par le roi de la Perse. Autres événemens particuliers arrivés en Arménie. Commencement du règne de Vram-Schapouh, et délivrance de Khosrov.

Chap. 21. Relations de Vram-Schapouh avec l'Empereur Arcadius et avec Vram-Grman I, roi de la Perse. Invention des caractères arméniens, géorgiens et albaniens. Rétablissement de Khosrov III sur le trône d'Arménie. Règne de Schapouh. Révolution en Arménie. Règne d'Ardaschir, dernier roi de ce pays. La chûte de la royauté des Arsacides. Quelques événemens particuliers.

Chap. 22. Réflexions sur les principales causes de la décadence du royaume d'Arménie. Sur la forme du gouvernement de ce pays qui étoit différente de celle des autres contrées Asiatiques. Sur les pouvoirs de ses Satrapes héréditaires, et sur le nouveau genre d'administration qu'on y établit.

LIVRE VII.

Etat anarchique de l'Arménie et de la Géorgie sous l'administration des Marzbans, des Curapalates, des Patriciens et des Osdigans nommés par les rois de la Perse, par les empereurs grecs et par les califes arabes, depuis l'an 428 jusqu'à l'an 855 de l'ère vulgaire.

Chap. 1. Administration des affaires d'Arménie pendant dix ans dans une paix profonde. Révolution et guerres religieuses entre l'Arménie et la Perse pendant trente-quatre ans. Correspondance à ce sujet. Détails sur la doctrine des mages de la Perse. Plusieurs événemens remarquables.

Chap. 2. Entrevue du général arménien Vahan Mamigonien avec les ministres et le roi de la Perse. Pacification entre ces deux pays. Nouvelle guerre de religion contre la Perse.

Chap. 3. Paix faite entre la Perse et l'Arménie. Guerres des Persans contre les Grecs. Nouvelles guerres entre la Perse, l'Arménie et les empereurs grecs jusqu'à l'an 578.

Chap. 4. Nouveaux événemens politiques et militaires de l'Arménie avec les Persans et les Grecs. Leurs relations amicales avec ces deux puissances et autres faits historiques jusqu'à l'époque de la décadence des Sassanides.

Chap. 5. Dépendance de l'Arménie des Arabes et des Grecs. Plusieurs guerres qu'ils soutinrent contre les uns et les autres. Autres événemens de ce pays arrivés jusqu'à l'an 855.

LIVRE VIII.

Gouvernement de la dynastie des Pacratides qui régnèrent en Arménie et en Géorgie, jusqu'à l'an 1078.

Chap. 1. Origine et progrès de la famille Pacratide depuis l'an 602 avant J. C. jusqu'à l'an 758 de l'ère vulgaire où elle se divisa en deux branches principales.

Chap. 2. Principaux faits historiques concernant la première branche de la famille des Pacratides depuis l'an 758 jusqu'à l'époque de leur établissement sur le trône d'Arménie.

Chap. 3. Détails sur la seconde branche des Pacratides depuis l'an 758 jusqu'à l'époque de leur avénement au trône de la Géorgie.

Chap. 4. Administration d'Aschod I, Pacratide, roi d'Arménie. Couronnement d'Adernerseh Pacratide, premier roi de la Géorgie. Guerres entre Constantin roi de la Colchide, et Sempad I, roi d'Arménie. Adernerseh roi géorgien, et Youssouf émir de la Médie.

Chap. 5. Guerres de Youssouf et de Kakik, roi de Vaspouraganie, contre Sempad I et Aschod II, roi d'Arménie. Guerres civiles en Arménie.

Chap. 6. Relations entre Aschod II et le calife Al-Moktadir. Révolte de l'émir Youssouf contre le calife. Sédition des Apkhaz contre l'Arménie et la Géorgie. Défaite de Per, roi des Apkhaz. Sa captivité en Arménie auprès d'Abas, roi de ce pays. Quelques événemens particuliers.

Chap. 7. Couronnement solennel d'Aschod III, roi d'Arménie. Ses victoires contre les Musulmans rebelles. Ses relations d'amitié avec le calife de Bagdad. Son alliance avec l'empereur Jean Zemiscès. Ses actions glorieuses et ses magnificences pour embellir la ville d'Ani.

Chap. 8. Règne de Sempad II, roi d'Arménie. Ses guerres contre les rois de la Géorgie et les habitans du mont Caucase. Expéditions de Kakik I, roi d'Arménie, contre des émirs musulmans.

Chap. 9. Expédition de l'empereur grec Basile II, en Arménie et en Géorgie. Faits remarquables arrivés sous le règne de Kakik I. Autres événemens particuliers.

Chap. 10. Dissention dans la famille royale d'Arménie, soutenue par l'empereur Basile II. Dévastations des Provinces Géorgiennes par cet empereur.

Chap. 11. Expédition de Doghril, bey ou sultan dans le royaume de Vaspouraganie. Sennekerïm, roi Vaspouraganien, cède ses Etats à l'Empereur. Doghril ravage d'autres Provinces Arméniennes. Troubles en Arménie. Couronnement de Kakik II, roi de ce pays.

Chap. 12. Règne de Kakik II. Ses guerres contre les Grecs. Ruses et mauvaise foi des Grecs. Voyage de Kakik à Constantinople. Autres guerres entre les Arméniens et les Grecs. La chûte de la royauté des Pacratides en Arménie, et la possession de ce pays par les Grecs.

CHAP. 13. Réflexions sur l'état politique des affaires de l'Asie avant l'époque de la première expédition des Croisés.

CHAP. 14. Nouvelles expéditions de Doghril sultan, et de Alph-Arslan en Arménie. Leurs victoires sur les Grecs. Progrès des Seljoucides dans les Etats de l'Empereur jusqu'à Nicée. Etablissement de la seconde dynastie Seljoucide dans l'Iconie.

LIVRE IX.

Gouvernement des dynasties particulières qui gouvernèrent l'Arménie et la Georgie, depuis leur origine jusqu'à nos jours.

CHAP. 1. Histoire des rois particuliers qui régnèrent à Kars, depuis l'an 962 jusqu'à 1065 de l'ère vulgaire.

CHAP. 2. Origine et succession des princes de la famille des Artzerouniens, depuis l'an 705 avant J. C. Leur règne dans la Vaspouraganie et à Sébaste, jusqu'à l'an 1080 de l'ère vulgaire.

CHAP. 3. Histoire des rois particuliers de Parissos, Balk ou Gaban, depuis l'an 933 jusqu'à 1252.

CHAP. 4. Histoire des rois particuliers de l'Albanie Supérieure ou de Tzoroked, depuis l'an 982 jusqu'à 1260.

CHAP. 5. Succession des princes particuliers

de l'Albanie du Schirvan, depuis l'an 840 jusqu'à 1220.

Chap. 6. De l'origine de la maison Satrapale des Orbéliens venus de Génasdan ou la Chine. Difficultés sur quelques points de l'histoire de cette famille. Son crédit et son pouvoir en Arménie et en Géorgie, jusqu'à nos jours.

Chap. 7. Origine et progrès de la famille Satrapale des Mamigoniens venus de Génasdan en Arménie.

LIVRE X.

Gouvernement de la dynastie des Rupéniens arméniens et de celle des Lusignan français en Cilicie et dans la petite Arménie, accompagné de la succession des princes Pacratides en Géorgie, depuis l'an 1080 jusqu'à 1375.

Chap. 1. Rupen I, parent de Kakik II, Pacratide, s'empare de la Cilicie et forme un nouveau royaume. Ses guerres contre les Grecs, et ses liaisons d'amitié avec Melik-Schah, roi de la Perse. Expédition de ce dernier prince dans la Basse Asie. Qualités personnelles de Rupen.

Chap. 2. Entrée de la première Croisade en Asie. Liaisons de famille et d'amitié entre les Arméniens et les Croisés. Guerres de Constantin I et de Toros I, Rupéniens, contre les Seljoucides.

Chap. 3. Expéditions des Turcs Seljoucides en Cilicie et en Mésopotamie. Alliance entre les Arméniens, les Géorgiens et les Princes Croisés. Autres événemens remarquables.

Chap. 4. Expéditions des Persans contre les Croisés et la Géorgie. Victoire signalée de David II, roi Géorgien, sur l'ennemi. Secours portés par Léon I, roi Rupénien, au siége d'Azaz, en faveur du comte d'Antioche.

Chap. 5. Démêlés entre Léon I et Roger, comte d'Antioche. Guerres des Arméniens et des Princes Croisés contre l'Empereur grec. Léon I est conduit prisonnier à Constantinople, et son royaume conquis. Les Croisés pensent à le rétablir.

Chap. 6. Règnes de Demetre I, roi de la Géorgie, et de Miran Schah-Armen en Arménie. Siége opiniâtre de la ville d'Ani. Plusieurs expéditions persanes en Arménie. Règne de David III, roi de Géorgie. Testament de ce prince. Règne de Korki III. Ses victoires sur les Musulmans. Usage sur la succession au trône chez les Arméniens et les Géorgiens. Massacre général ordonné contre la famille des Orbéliens.

Chap. 7. Guerres cruelles de Tamar, reine de Géorgie, contre la Perse et Beg-Tamour-Schah-Armen, et ses conquêtes jusques dans l'Aderbéjan. Entrée des Moghols Tartares en Géorgie. Entrée de Jélaleddin en Arménie et dans l'Asie Mineure.

Chap. 8. Toros II reprend le royaume de la Cilicie. Ses victoires signalées sur les Grecs et sur l'émir d'Iconie. Guerres des Seljoucides contre les Princes Croisés et les Satrapes d'Arménie. Plusieurs événemens remarquables.

Chap. 9. Nouvelles guerres de Toros II, contre l'Empereur de Constantinople. Barbaries et trahisons des Grecs envers les Arméniens et les Princes Croisés. Troubles et dissentions religieuses.

Chap. 10. Règne de Léon II, Rupénien. Entrée d'une nouvelle Croisade en Asie, sous les ordres de l'Empereur d'Allemagne, des Rois de France et d'Angleterre. Guerres des Grecs et des Turcs contre les Chrétiens. Ruse du Clergé grec, pour troubler la bonne harmonie entre les Arméniens et les Croisés. L'Empereur d'Occident et le Pape envoyent un diadème royal et de riches présens à Léon II, en récompense de son dévouement. Couronnement de Léon II, roi de la Cilicie et de l'Arménie.

CHAP. 11. Guerres entre Léon II et les Turcs Seljoucides. Sa victoire sur Naradin, émir d'Alep. Plusieurs événemens arrivés en Cilicie et à Antioche après la mort de Léon II.

CHAP. 12. Événemens historiques de la Géorgie et de la grande Arménie du temps de Rouzouthan, reine de la Géorgie. Détails sur les mœurs et les usages des Tartares. Leurs progrès et leurs conquêtes. Perfide dessein de la reine Rouzouthan. Liaisons des Arméniens avec les Tartares.

CHAP. 13. Alliance entre Hetoum I, Roi de Cilicie, et Kiouk, grand Khan des Tartares. Rivalité entre Batou Khan, et Batchou Khan devenus amoureux de la reine Rouzouthan. Autre alliance de Hetoum avec le Pape Innocent IV et Manko Khan. Guerre de Hetoum contre les Turcs et les Arabes, en faveur des Croisés.

CHAP. 14. Guerres des Arméniens et des Géorgiens contre les Arabes, en faveur des Tartares. Usage pour le renouvellement de l'année chez les Tartares, et réunion à cette époque des Princes de la Géorgie et de l'Arménie avec le Comte d'Antioche dans la ville de Tauris, auprès de Houlav Khan. Expédition du sultan d'Egypte en Cilicie. Autres événemens particuliers.

CHAP. 15. Mariage de Léon III, successeur

de Hetoum, avec une princesse française. Protection qu'il accorde aux sciences et aux arts. Expéditions des Egyptiens dans ses Etats. Découverte d'une conjuration des Musulmans contre lui et les Tartares. Guerres qui eurent lieu par suite de cet événement. Autres faits historiques.

CHAP. 16. Guerres des Arméniens, des Tartares et des Princes Croisés contre les Egyptiens. Convention faite entre Ghazan Khan et Hetoum II, Rupénien, en faveur de la Géorgie et de la grande Arménie. Nouvelle guerre contre les Egyptiens, soutenue par les mêmes puissances. Quelques événemens remarquables.

CHAP. 17. Détails sur une grande guerre faite par les Tartares et les Arméniens contre l'Egypte. Considérations sur la situation politique des affaires de l'Asie, lors de la conversion des Tartares au Mahométisme.

CHAP. 18. Expédition de l'émir d'Iconie en Cilicie. Trahison de Bilarghou, général tartare, qui tua Hetoum II et son neveu Léon IV. Translation du corps de Hetoum II dans l'Aquitaine, chez ses parens français. Dissention dans la famille royale de Chypre. Autres événemens remarquables.

CHAP. 19. Expéditions des Egyptiens, des Tartares et des Seljoucides, en Cilicie. Paix conclue entre Léon V et les Sultans d'Egypte, par la médiation de Boussaïd Khan. Secours envoyés par le Pape au Roi Léon V. Projet d'une nouvelle Croisade.

CHAP. 20. Dévastation des provinces de la Cilicie, par les Egyptiens. Cruautés des Tartares devenus Musulmans contre les Chrétiens. Léon V demande des secours aux Princes de l'Europe. Il fait la paix avec le Sultan d'Egypte. Le Pape Benoît VII en est vivement affecté. Troubles au sujet des affaires religieuses.

CHAP. 21. Expédition des Musulmans en Cilicie contre Constantin IV, roi de ce pays. Les Chrétiens lui portent des secours. Nouvelles discussions sur la religion.

CHAP. 22. Election de Léon VI Lusignan, dernier roi d'Arménie. Situation des affaires de l'Asie. Les Egyptiens envahissent la Cilicie. Léon VI étant disparu quelque temps de sa capitale, on pense à remarier la reine. Il revient à son siége. Les Egyptiens s'emparent de son royaume, et le conduisent prisonnier. Il s'en sauve. Il vient en Europe, et meurt à Paris l'an 1393. Quelques faits particuliers arrivés après cet événement.

CHAP. 23. Origine et progrès des Turcs, des Kurdes, des tribus Turcomanes, des Oghóuz Turcs ou Ottomans, et de quelques autres peuples, avec quelques détails sur leurs entrées dans la partie méridionale de l'Asie, depuis l'an 510 avant J. C., jusqu'à l'an 1299 de l'ère vulgaire.

LIVRE XI.

Histoire de l'anarchie d'Arménie et du gouvernement des Princes Pacratides en Géorgie, depuis l'an 1375 jusqu'à l'an 1812.

CHAP. 1. Situation des affaires de la Géorgie. Entrée de Tamerlan en Arménie. La ruse de Pacarod IV, roi de la Géorgie, pour tromper Tamerlan. Ce conquérant barbare ravage ses Etats, et fait trembler toute l'Asie.

CHAP. 2. Nouvelles dévastations de Tamerlan dans les Provinces Géorgiennes. Ses cruautés atroces à Sébaste. Ses victoires sur le sultan Baïazid. Autre expédition de Tamerlan en Géorgie, pour tuer tout ce qu'il y avoit de vivant dans ce pays. Il rentre dans ses Etats, et il meurt.

CHAP. 3. Situation des affaires de l'Asie sous les successeurs de Tamerlan, jusqu'à l'époque de l'établissement des Sefis sur le trône de la Perse.

CHAP. 4. Guerres sanglantes entre la Perse et les Ottomans. Recrutement de jeunes garçons pour peupler le sérail du Grand-Seigneur. Autres événemens particuliers.

Chap. 5. Mort malheureuse de Schah Tahmaz et de Schah Ismael. Délivrance de Simon II, roi de la Géorgie, et sa rentrée dans ses Etats. Guerres désastreuses entre la Perse et les Ottomans. Plusieurs faits curieux.

Chap. 6. Nouvelles expéditions des Ottomans en Arménie. Leurs conquêtes jusqu'à Tauris, au Schirvan et en Georgie. Simon II, roi de ce pays, est conduit prisonnier à Constantinople. Entrée des Euzbeg Tartares en Perse. Commencement des fameux brigands appelés Gélalis.

Chap. 7. Schah Abas I, roi de la Perse, fait venir auprès de lui les principaux personnages de l'Arménie, de la Géorgie et des Kurdes. Il forme un plan de campagne, et reprend une partie de l'Arménie. Sa politique envers les habitans de ce pays et les Princes Géorgiens.

Chap. 8. Schah Abas I fait transporter un grand nombre de familles arméniennes en Perse. Plusieurs faits particuliers.

Chap. 9. Dévastation de l'Asie par les brigands Gélalis. Conduite dissimulée de Schah Abas I envers le roi de Gakhet. Situation des affaires de la Géorgie. Différens faits historiques.

Chap. 10. État critique des affaires des royaumes de Gakhet et de la Géorgie. Expédition de Schah Abas I contre ces pays. Événemens extraordinaires qu'on éprouva dans ces deux royaumes. Mécontentement des Arméniens en Perse.

Chap. 11. Persécutions religieuses en Perse. Nouveaux détails sur les Gélalis. Troubles dans l'Empire Ottoman. Guerre entre la Perse et la Géorgie. Autres événemens particuliers.

Chap. 12. Dissention chez les Géorgiens. Guerre entre la Perse et la Porte Ottomane. Situation des affaires des Provinces Arméniennes indépendantes.

Chap. 13. Situation des affaires politiques de la Mingrelie, de la Géorgie et du royaume de Gakhet. Discussions religieuses chez les Arméniens de Constantinople et d'autres villes de la Turquie.

Chap. 14. Entrée des Aghovans en Perse. Guerre entre les Persans et les Provinces Arméniennes indépendantes. Quelques événemens particuliers.

Chap. 15. Gouvernement de Nadir Schah et de ses successeurs jusqu'à la mort de Kerim Khan.

Chap. 16. Incursion des Lezgis dans l'Arménie et dans la Géorgie. Continuation des guerres civiles dans la Perse jusqu'à la mort d'Akhder Khan.

Chap. 17. Conquête de la Géorgie, du mont Caucase et des Provinces Arméniennes par les Russes. Evénemens qui eurent lieu par la suite jusqu'à l'an 1812.

LIVRE XII.

Histoire religieuse de l'Arménie, depuis son origine jusqu'à l'an 1812.

Chap. 1. Des effets qu'ont produits la religion sur les mœurs, et les mœurs sur la religion, dans l'esprit des Arméniens de tous les siécles.

Chap. 2. Histoire du Paganisme arménien, depuis son origine jusqu'à l'époque de l'établissement du Christianisme en Arménie; suivie de détails sur l'origine des Dieux, sur les temples élevés en leur honneur, sur le genre de sacrifices qu'on leur offroit, et sur le pouvoir des Pontifes payens.

Chap. 3. Abrégé de l'histoire ecclésiastique d'Arménie, depuis la naissance du Christianisme jusqu'à ce jour. Détails sur les Conseils nationaux et particuliers, sur la manière de faire l'élection des patriarches, sur celle de gouverner les églises; et autres faits particuliers de l'église de cette nation.

LIVRE XIII.

Histoire littéraire de l'Arménie, depuis son origine jusqu'à ce jour.

CHAP. 1. De la langue, des dialectes particuliers et des caractères alphabétiques des Arméniens.

CHAP. 2. Annales littéraires de l'Arménie, depuis les siècles les plus reculés jusqu'à l'époque de l'établissement des imprimeries dans ce pays.

CHAP. 3. Progrès de l'imprimerie, et publication des livres parmi les Arméniens, depuis le commencement jusqu'à nos jours.

CHAP. 4. Détails sur l'ère arménienne, sur l'année géorgienne et sur celle des Capadociens et des Albaniens.

CHAP. 5. Abrégé historique des tremblemens de terre, des famines générales, des maladies contagieuses, des éclipses du soleil et de la lune, des apparitions de comètes, et d'autres phénomènes extraordinaires arrivés en Asie, depuis l'an 14 jusqu'à l'an 1808, marqués par l'ère vulgaire et par l'ère arménienne.

CHAP. 6. Armoiries et médailles des rois de l'Arménie et de la Géorgie. Armes offensives et défensives de ces peuples. Titres que portoient les princes de ces pays. Plusieurs faits particuliers sur la diplomatie et les gouvernemens de ces deux royaumes.

LIVRE XIV.

Histoire commerciale de l'Arménie.

Chap. 1. Des arts et des manufactures chez les Arméniens.

Chap. 2. Du commerce intérieur de l'Arménie. Mouvemens des caravanes, et autres détails particuliers.

Chap. 3. Commerce extérieur et colonies arméniennes dans différentes contrées de l'ancien Continent.

APPENDICE I.

Tables chronologiques des rois, des gouverneurs généraux, des principaux Satrapes héréditaires, et des patriarches d'Arménie, depuis leur commencement jusqu'à ce jour.

APPENDICE II.

Tables chronologiques des rois et des princes des pays voisins avec lesquels l'Arménie a eu des relations, depuis leur origine jusqu'à nos jours.

4.

TABLEAU général de l'Arménie, divisé en deux Parties.

SECONDE PARTIE.

Géographie ancienne et moderne de l'Arménie, contenant la division des provinces, la description des montagnes, des mines, des rivières, des lacs, des animaux, des productions de la terre, et de sa population : partagée en deux Livres, et accompagnée de Cartes géographiques. Rédigée d'après des monumens littéraires arméniens, dont la plupart existent dans la Bibliothéque impériale; par M. J. CHAHAN DE CIRBIED.

LIVRE I.

Description générale de l'Arménie.

CHAP. 1. Nom, position, étendue et population de l'Arménie.
CHAP. 2. Des principales montagnes de l'Arménie.
CHAP. 3. Des mines d'or, d'argent, de cuivre et d'autres métaux de l'Arménie.

Chap. 4. Sources et cours du fleuve de l'Euphrate, avec des détails particuliers.

Chap. 5. Sources et cours du fleuve du Tigre et des rivières qu'il reçoit.

Chap. 6. Sources et cours du fleuve de l'Araxe, et des rivières qui s'y déchargent.

Chap. 7. Sources et cours du fleuve du Kour, et des rivières qui le grossissent.

Chap. 8. Sources et cours du fleuve de Giorokh, et des rivières qu'il reçoit.

Chap. 9. Sources et cours du fleuve d'Halis, et des petites rivières qui communiquent avec lui.

Chap. 10. Sources et cours du fleuve d'Iris, et des petites rivières qui s'y jettent.

Chap. 11. Des fleuves Pyramus, Sarus et Chalchis qui prennent leurs sources dans la Province Euphratienne.

Chap. 12. Description des lacs de Van, d'Ormi, de Gélam et d'autres.

Chap. 13. Du climat de l'Arménie.

Chap. 14. Constitution naturelle des habitans de l'Arménie.

Chap. 15. Des bois, forêts, arbres fruitiers, fleurs, blés, et autres plantes de l'Arménie qu'on emploie dans la médecine et dans les arts.

Chap. 16. Quadrupèdes, oiseaux, reptiles et animaux malfaisans qu'on trouve dans les Provinces Arméniennes.

LIVRE II.

Descriptions particulières des provinces de l'Arménie.

CHAP. 1. Divisions anciennes et modernes des provinces de l'Arménie.

CHAP. 2. Description de la province de l'Ararathie et de ses gouvernemens.

CHAP. 3. La province de Doarouperanie, ou le Paschalik de Mousch.

CHAP. 4. La quatrième Arménie, ou le Paschalik de Diarbekir.

CHAP. 5. Altzenikie, ou la Mésopotamie Arménienne.

CHAP. 6. La province de Mokie, et ses gouvernemens indépendans.

CHAP. 7. La province de Gorgiakie ou Gordienne, et ses peuples indépendans.

CHAP. 8. La Persaménie, et ses gouvernemens.

CHAP. 9. L'Atropatane ou Aderbéjan Arménienne.

CHAP. 10. Le Moughan ou Tharanthaschd.

CHAP. 11. L'Aghovan Orientale ou le Schirvvan.

CHAP. 12. La Païdogaranie ou le Moughan Occidental.

CHAP. 13. La province d'Oudie ou Oudikie appelée aujourd'hui Karabagh.

CHAP. 14. La province d'Artzakie ou Seghnagh.

Chap. 15. La province de Sunikie ou Kapanisdan.

Chap. 16. La province de Coucarie ou Schaki.

Chap. 17. La province de Kartel ou Ibérie Inférieure.

Chap. 18. La province de Daikie ou Ibérie Supérieure.

Chap. 19. La Haute Arménie ou le Paschalik d'Erzeroum.

Chap. 20. L'Arménie Pontique ou les Paschaliks de Trébizonde et de Fasch.

Chap. 21. La seconde Arménie ou le Paschalik de Sebaste, avec quelques gouvernemens particuliers.

Chap. 22. La première Arménie ou le Paschalik de Césarée de Cappadoce.

Chap. 23. La troisième Arménie ou le Paschalik de Malatia et Nigdé.

Chap. 24. La Province Euphratienne ou les gouvernemens de Morasch et d'Anteb.

Chap. 25. La Cilicie et ses Paschaliks, avec les gouvernemens indépendans.

Table des matières contenues dans l'ouvrage, augmentée d'autres noms d'hommes et de lieux, formant un Dictionnaire historique et géographique de l'Arménie.

www.ingramcontent.com/pod-product-compliance
Lightning Source LLC
LaVergne TN
LVHW022159080426
835511LV00008B/1465